NOUVEL EXAMEN
DU PRÉJUGÉ
SUR L'INVERSION.

Pour servir de réponse à M. BEAUZÉE,
Professeur à l'Ecole Militaire.

M. DCC. LXVII.

NOUVEL EXAMEN
DU PRÉJUGÉ
SUR L'INVERSION.

M. BEAUZÉE, qui a fuccédé
à M. du Marfais, pour remplir les
articles de Grammaire dans le Dic-
tionnaire encyclopédique, ayant
auffi fuccédé à fon opinion fur l'Inverfion, traite au long cette matière dans la Grammaire qu'il vient
de donner au public: (1) & réfute,
autant qu'il eft en lui, l'opinion que
M. l'abbé Batteux a établie dans fes

______

(*) *Tom.* 2. *Liv.* 3. *C.* 9. Le même
morceau eft imprimé dans l'Encyclopédie,
art. INVERSION.

A 2

Principes de la Littérature. (1) On n'ignore pas que **M.** du Marſais avoit raſſemblé des idées ſur cet objet. Si elles ont été remiſes à ſon ſucceſſeur, comme il y a lieu de le croire , elles n'auront rien perdu en paſſant par ſes mains : **M.** Beauzée a fait ſes preuves de ſagacité & de pénétration.

Ce n'eſt point ici un démêlé , encore moins une querelle littéraire ; c'eſt une ſimple différence d'opinions, où il n'entre d'autre intérêt que celui de la choſe, aſſez importante toutefois pour devenir un principe dans les Lettres, & aider juſqu'à un certain point au talent de ceux qui écrivent. **M.** Beauzée emploie des raiſonnemens , des autorités & des exemples : il s'agit de les diſcuter.

---

(1) *Tome V.* Ed. de 1764.

I.

« IL n'y avoit eu jufqu'ici, dit M.
» Beauzée (*p.* 464) qu'un langage
» fur ce qu'on appelle communé-
» ment la Conftruction de la phra-
» fe. . . . De nos jours, M. l'abbé
» Batteux s'eft élevé contre le fen-
» timent univerfel, & a mis en avant
» une opinion qui eft le contre-pied
» de l'opinion commune ».

Cette opinion fi extraordinaire
(1) eft que les Latins, quand ils
difoient, *patrem amat filius*, fuivoient l'ordre naturel de l'élocution ; & que nous, quand nous di-
fons, *le fils aime le père*, nous ne
le fuivons pas. Voilà en deux mots
toute la queftion.

---

(1) M. l'abbé Batteux la propofa pour
la première fois en 1748 dans les Lettres
qu'il adreffa alors à M. l'abbé d'Olivet,
& qu'il a refondues dans l'édition de fes
Principes de la Littérature de 1764.

M. l'abbé B. avoit dit en forme de prélude , que peut - être nous n'étions pas placés , nous François, comme il faudroit l'être , pour bien juger des conſtruĉtions latines & des nôtres , & que l'habitude priſe dès la plus tendre enfance , pouvoit nous induire en erreur.

« M. l'ab. Batteux , reprend M.
» Beauzée , croit-il donc *ſérieuſement*
» être mieux placé pour juger des
» conſtruĉtions latines, que ceux qui
» penſent autrement que lui ? *Je penſe*
» *au contraire , & je dis hautement* que
» nous ſommes placés comme il faut ,
» pour juger ſainement de la conſ-
» truĉtion naturelle & commune à
» toutes les langues , pourvu que
» nous ne nous laiſſions pas ſéduire
» par des préjugés , par des intérêts
» de ſyſtême , par les illuſions de la
» nouveauté , (*p.* 472.) ».

M. Beauzée a droit ſans doute de

dire hautement fa penfée, parcequ'il eft bien sûr de n'être pas féduit ni par les *préjugés*, ni par *les intérêts* de fon fyftême, ni même par *les illufions* de l'habitude ; contre lefquelles toutefois on eft ordinairement moins en garde que contre celles de la nouveauté.

Quoi qu'il en foit, M. l'abbé B. fut conduit à l'opinion qu'on attaque, par le raifonnement que voici : Tout le monde convient que les Latins dans leurs phrafes, ont un arrangement de mots différent du nôtre. On convient en fecond lieu, que la langue latine n'eft ni moins riche, ni moins flexible que la nôtre : on convient même qu'elle l'eft plus ; parcequ'elle a tous les arrangemens poffibles, à fon choix. Ces deux propofitions accordées, on a dit : Ou l'arrangement que nous fuivons en françois eft l'ordre naturel des mots, ou il ne l'eſt pas : s'il ne l'eſt pas , il faut tendre à nous rapprocher de celui des Latins : s'il l'eſt , il eſt évident que celui des Latins ne l'eſt point. Or , comment feroit-il poſſible de croire que les Latins , ayant tous les arrangemens des mots à leur diſpoſition , ils aient conſtamment préféré ceux qui ne ſont point naturels , & conſtamment rejeté celui qui l'eſt ?

Après ce raiſonnement , il falloit chercher quelle pouvoit être la raiſon de cette différence , de part & d'autre ; & s'il ſe trouvoit que la langue françoiſe eût des entraves , & que la latine n'en eût point , c'étoit une nouvelle preuve acquiſe en faveur de celle-ci. Or, on a trouvé qu'effectivement dans le latin , il y avoit des formes adhérentes aux mots, pour ſignifier leurs rapports, indépendamment de la place qu'on

leur donnoit dans une phrafe , &
que par cette raifon on pouvoit dire
également , *patrem amat filius* , ou
filius amat patrem , fans que le fens
de la phrafe fût changé ; que dans
le françois au contraire , faute de
pareilles formes , nos régiffans &
nos régimes ne pouvoient être ca-
ractérifés que par la place qu'ils oc-
cupoient dans la phrafe ; ainfi nous
ne pouvons dire que d'une feule manière , avec ces trois mots, que *le fils
aime le père* ; car fi nous difions , *le
père aime le fils*, ce feroit un autre fens.

On a cru alors tenir la raifon des
différences qu'on cherchoit : la liberté d'un côté , la contrainte de
l'autre. On a dit que les Latins fuivoient l'ordre naturel des idées ; par-
ce que leurs mots pouvoient fuivre
les idées par-tout où elles fe pla-
çoient comme d'elles-mêmes : &
que nous , nous ne le fuivions pas ;

parceque nos mots ne pouvoient fe placer qu'en certains endroits, d'où dépend une partie de leur fignifica-tion. Il eût été bien fingulier, a-t-on ajouté, que la langue libre de tou-jours fuivre la nature, ne la fuivît prefque jamais, & que la langue en-chaînée par le grammatical, la fuivît prefque toujours. (1)

Les détails font venus, & ont ache-vé de montrer que les Latins, (il en eft de même des Grecs) fuivoient l'ordre naturel des idées, parcequ'ils le pouvoient, & que nous ne le fui-vons point , parceque nous ne le pouvons pas. (2)

_____

(1) « La prétention de l'Académicien , » reprend M. Bauzée , qui ne croit naturel » apparemment que ce qui favorife fes vues , » eft bien plus fingulière, (*pag.* 525.) » . On eft perfuadé que M. Beauzée n'a pas eu def-fein de prendre un ton défobligeant , ni ici ni ailleurs.

(2) M. Pluche qui avoit vu naître cette

II.

M. Beauzée a raifonné autrement. «L'objet principal de la parole, dit- » il , (*pag.* 466) eft l'énonciation

opinion , l'a adoptée fans aucune reftriction dans fa *Méchanique des Langues* (*pag.* 117) où il dit que «C'eft fe tromper que de croire, » comme on fait , qu'il y ait inverfion ou » renverfement dans la phrafe des anciens , » tandis que c'eft très réellement dans notre » Langue moderne qu'eft ce défordre ». Sur quoi il renvoie à l'ouvrage de M. l'ab. Batteux.

M. l'abbé de Condillac , qui l'a examinée en métaphyficien dans fon *Effai fur l'origine des connoiffances humaines* , & qui ne confidère l'art des conftructions que du côté de la clarté & de la liaifon des idées , décide toutefois , « Que dans l'origine des Langues, la » conftruction la plus naturelle exigeoit un » ordre tout différent de celui que nous fui- » vons en françois , (*pag.* 164) ».

M. d'Alembert , dans fon cinquième tome *des Mélanges* , compare les idées les unes avec les autres , felon leurs rapports métaphyfiques ou logiques , d'où il tire des conféquences en faveur de l'ordre grammatical des mots : ce qui ne va pas directement contre le principe de M. l'abbé Batteux, comme on le verra ci-après. Mais quand il vient à

» de la penſée. Or, en quelque lan-
» gue que ce puiſſe être, les mots
» ne peuvent exciter aucun ſens dans
» l'eſprit de celui qui lit ou qui écou-
» te, s'ils ne ſont aſſortis d'une ma-

---

comparer les langues entr'elles par rapport à
l'ordre des mots ; alors il ſe rapproche tota-
lement de la penſée de M. l'ab. B. « La lan-
» gue françoiſe, dit-il, obligée de s'*aſſujettir*
» en certains cas à la règle de ſyntaxe ſur l'ar-
» rangement des termes, pour fixer le rap-
» port des mots & le ſens de la phraſe, l'a
» étendue aux autres cas où cet arrangement
» étoit moins néceſſaire. Il ſemble que nos pè-
» res, *forcés* par la nature de la Langue d'en
» *géner* la conſtruction en certains cas, aient
» voulu, par une eſpèce de dépit, la gêner
» ſans beſoin dans tous les autres. De-là vient à
» notre langue cette marche uniforme, qui,
» *dit on*, contribue à la clarté, mais qui *nuit*
» pour le moins autant, à la vivacité, à la
» variété, à l'harmonie du diſcours. C'eſt
» principalement cette conſtruction mono-
» tone qui a donné à la langue françoiſe le
» caractère de timidité, ou, ſi l'on veut, de
» ſageſſe, qui lui eſt propre ». Après cela
faut-il demander ce que M. d'Alembert penſe
de la Conſtruction oratoire des Latins, com-
parée avec la nôtre ?

» nière qui rende fenfibles leurs rap-
» ports mutuels , lefquels font les
» types des relations qui fe trouvent
» entre les idées mêmes que les mots
» expriment.... .. Or il n'y a que
» l'ordre analytique qui puiffe règler
» cet affortiment , c'eft-à-dire , l'or-
» dre & la proportion de l'image
» fucceffive & fugitive , repréfentée
» dans la penfée ». Donc l'ordre
analytique eft le feul ordre naturel
des mots.

M. l'ab. Batteux conviendra fans
doute qu'on parle pour énoncer
fa penfée. Mais il priera M. Beauzée
d'obferver qu'il y'à un autre but au
de-là , qui eft de mettre dans l'efprit des autres, les fentimens qu'on
a , & comme on les a. C'eft la fin de
celui qui parle , le langage n'eft
que le moyen qu'il emploie. Or ,
on fait qu'en tout genre d'action ,
c'eft la fin qui règle l'ordre des

moyens, auffi-bien que leur choix.

Il n'y a que l'ordre analytique qui puiffe règler l'affortiment des mots. Qu'eft-ce que cet ordre analytique?

Si on l'explique par le mot d'*analyfe*, d'où celui d'*analytique* eft tiré, l'ordre analytique doit être un *ordre de décompofition*. Mais fi la compofition fuppofe l'ordre, la décompofition doit fuppofer la deftruction de l'ordre; ainfi l'ordre analytique feroit l'ordre des parties d'une chofe dont l'ordre naturel feroit détruit. Tel feroit l'ordre d'une machine démontée. Toujours eft-il vrai que cette définition, quelle qu'elle foit, iroit fort bien à une phrafe latine mife dans l'ordre analytique; puifqu'alors, elle n'offriroit plus que *la décompofition* ou *la deftruction* d'une phrafe, qui étoit *compofée* ou *conftruite* en latin. Mais il y a lieu de croire que ce n'eſt pas tout-à-fait la penſée de M. Beauzée.

Il entend, je crois, par *ordre ana-lytique*, celui dans lequel on voit les mots placés ſelon leurs rapports grammaticaux, correſpondans aux rapports métaphyſiques des idées. Les rapports grammaticaux ſont ceux des mots conſidérés comme régiſſans ou régis. Les rapports méta phyſiques ſont ceux des idées, de matière & de forme, de cauſe & d'effet, de ſujet & d'attribut, de ſubſtance & de modes, d'eſſence & d'accidens, &c. tels que la métaphyſique les conſidère par abſtraction. Mais comme les rap-ports grammaticaux ſont toujours fondés ſur les rapports métaphyſi-ques, il s'enſuit que l'ordre analy-tique eſt l'ordre des idées rangées ſelon leurs rapports métaphyſiques.

« Or, continue M. Beauzée, il » y a deux manières de rendre ſenſi-

» bles ces rapports. La première eſt
» d'aſſujettir les mots à ſuivre dans
» l'élocution, la gradation même des
» idées & l'ordre analytique. La ſe-
» conde eſt de faire prendre aux mots
» des inflexions qui caractériſent
» leurs relations à cet ordre analy-
» tique, & d'en abandonner enſuite
» l'arrangement dans l'élocution, à
» l'influence de l'harmonie, au feu
» de l'imagination, à l'intérêt, ſi on
» veut, des paſſions ». Souvenons-
nous bien de cette diſtinction, qui
eſt juſte.

En conféquence de cette double
manière de rendre ſenſibles les rapports métaphyſiques, M. Beauzée,
d'après l'abbé Girard, diſtingue deux
ſortes de langues : « Les unes *analo-*
» *gues*, qui ont ſoumis leurs mots
» à l'ordre analytique ; les autres
» *tranſpoſitives*, qui font le contrai-
» re (*pag.* 469.) C'eſt l'ordinaire de
» toutes

«toutes les langues analogues que
» le ſujet précède le verbe ; parce-
» qu'il eſt dans l'ordre que l'eſprit
» voie d'abord *un être* , avant qu'il
» obſerve *ſa manière d'être*; (1) que
» le verbe ſoit ſuivi de ſon *complé-*
» *ment* , parceque toute action doit
» commencer avant que d'arriver à
» ſon terme ; que la prépoſition ait
» de même ſon complément après
» elle. . . qu'un adjectif ne vienne
» qu'après le nom auquel il eſt joint,
» parceque, comme diſent les philo-
» ſophes , *prius eſt eſſe quàm ſic eſſe.*
» L'abbé Girard donne le nom

---

(1) A la bonne heure que cela ſoit ainſi dans
l'analyſe métaphyſique ; mais dans l'ordre
naturel des perceptions, les qualités ſenſibles
vont avant les idées métaphyſiques : *cela eſt
rouge* , c'eſt *le rouge* qui a frappé d'abord :
cela eſt rond , c'eſt la rondeur. On en dira
autant de l'action , qui commence toujours
par ſa fin ; parceque c'eſt là qu'elle prend ſon
motif & ſon ordre de direction: il en eſt de même de l'adjectif , comme on le dira ci-après.

» de tranfpofitives aux langues qui
» ont adopté le fecond moyen de
» fixer leur fyntaxe , d'après l'ordre
» analytique ; & la dénomination de
» *tranfpofitive* , caractérife très bien
» leur marche libre , fouvent *con-*
» *traire* à celle de l'efprit , qui n'eft
» point imitée par la fucceffion des
» mots , quoiqu'elle foit parfaite-
» ment indiquée par les livrées dont
» ils font revêtus. Ainfi, quand Cicé-
» ron a dit, *Diuturni filentii finem ho-*
» *diernus dies attulit* ; il a renverfé
» l'ordre de l'efprit, & la fucceffion
» des idées ; & fans les inflexions
» de chacun des mots , qui font re-
» latives à l'ordre analytique, & qui
» les caractérifent , leur enfemble
» n'auroit rien fignifié ». Voilà le
principe de M. Beauzée développé
par lui - même , & rendu fenfible
par un exemple. Il ajoute (*pag.* 471)
«que l'ordre analytique eft l'im-

» preſſion de la nature , le ſeul &
» le véritable ordre naturel de l'i-
» mage ».

· L'ordre naturel de la phraſe de
Cicéron étoit donc , *Dies hodiernus
attulit finem filentii diuturni* : & Cicéron, au lieu de ſuivre cèt ordre ,
a dit , *Diuturni filentii finem hodiernus
dies attulit.* Ainſi , dans ſix mots ,
Cicéron a fait ſix renverſemens de
l'ordre naturel. Par-tout il a fait de
même : *Te miror , Antoni , quorum
facta imitere , eorum exitus non per-
horrefcere :* dix mots , dix renverſemens. Il ne tenoit qu'à lui de ſuivre
dix fois l'ordre naturel , & dix fois
il l'a renverſé. Il ſavoit cependant
l'axiome des métaphyſiciens : on le
ſavoit à Rome. On y ſavoit auſſi que
l'éloquence n'eſt que l'expreſſion
forte & vive de la nature. Cicéron
connoiſſoit donc un autre ordre naturel que l'ordre analytique. Mais

examinons le raisonnement de M.
Beauzée en lui-même : le voici réduit en deux mots.

Toutes les langues sont ou analogues ou transpositives ; il n'y a
point de milieu. Si elles sont analogues, elles suivent constamment
l'ordre analytique, qui est celui de
la syntaxe. Si elles sont transpositives, elles ont des inflexions qui
les rappellent à l'ordre analytique :
donc toutes les langues, sans exception, ont pour fondement de
leur construction l'ordre analytique ; donc, l'ordre analytique est
l'ordre naturel. Le latin ne suit point
l'ordre analytique ; le françois le
suit ; donc le françois est dans l'ordre naturel, & le latin n'y est point.

Il ne seroit pas difficile de retour-
ner ce dilemme contre M. Beauzée.
En partant de la même division, on
lui diroit : Ou les langues sont ana-

logues, ou elles ſont tranſpoſitives. Si
elles ſont analogues, c'eſt que leur arrangement eſt forcé par la conformation de leurs mots : or tout ce qui eſt
forcé, en fait de langage, ne peut
être naturel. Si elles ſont tranſpoſitives, leur arrangement eſt libre ; mais
elles ſuivent ſi peu l'ordre analytique, qu'elles ſemblent avoir pour
règle de le renverſer en toute occaſion. Donc les langues analogues
ne prouvent rien pour l'ordre analytique; & les langues tranſpoſitives
prouvent contre.

Il ſemble, à entendre parler M.
Beauzée, 1.º Que la langue françoiſe, dont il ſe garde bien de voir
les entraves, ne ſe ſoit ſoumiſe à
l'ordre analytique que par choix,
& par amour décidé pour la clarté ;
& que, ſi elle vouloit, il ne tien-
droit qu'à elle de dire, pour exprimer la tendreſſe d'un fils pour ſon

père , *le père aime le fils ;* comme
en latin on dit , *patrem amat filius ;*
2.° Que les langues tranfpofitives
n'abandonnent l'ordre analytique
que par caprice , par légèreté ,
tout au plus pour flatter l'oreille ,
à laquelle elles facrifient de gaieté
de cœur, l'ordre naturel des idées,
qui fait toutefois une partie de leur
force & de leur clarté. Si cela étoit,
il faudroit que cet ordre analytique,
dont on fait tant de bruit , eût eu
un bien petit mérite aux yeux des
Romains, puifque dans dix mots, ils
le facrifioient dix fois, je ne dis pas
à l'agrément (car il y en a auffi
dans l'ordre analytique) mais à un
dégré d'agrément imperceptible ,
que les tranfpofitions peuvent quelquefois procurer à l'oreille. Mais
non ; les Romains abandonnoient
l'ordre analytique pour trois rai-
fons ; parcequ'il leur étoit entière-

ment inutile, eu égard à la conformation de leur langue ; parcequ'il
entraîne une monotonie dégoûtan-
te ; parcequ'ils en avoient un meil-
leur, qui donnoit à leurs idées une
direction plus naturelle, plus vive,
à laquelle la conformation de leur
langue ne s'oppofoit point.

Pour développer toute cette preuve, fur laquelle porte toute la queftion, il eft néceffaire de remonter
à l'origine des langues, & d'obferver les progrès de leur formation.

Quand on commença à former
les langues, on nomma fans doute
d'abord les objets qu'on avoit befoin d'indiquer : on fit des mots,
moi, pain.

Quand on voulut joindre enfemble plufieurs mots, pour fignifier
plufieurs objets liés entr'eux dans
une même penfée, on prononça les
mots, & on y joignit le gefte, ou

le fon de voix , pour en indiquer les rapports : *pain , moi ,* avec un figne de la main , firent entendre qu'on demandoit du *pain* pour *foi.*

Avec le temps, on trouva d'autres mots pour exprimer ces rapports : des prépofitions , des conjonctions, des pronoms , des articles , des auxiliaires, que j'appellerai ici *particules ,* pour un moment , *à , de , pour , fi , contre , je , toi , le , la ,* &c ; & dès-lors le gefte ne fut plus néceffaire pour exprimer les rapports.

Il y eut des langues où plufieurs de ces particules , ou leur équivalent , s'incorporèrent infenfiblement dans les autres mots , & formèrent par ce moyen ce qu'on a appellé depuis des déclinaifons & des conjugaifons, par cas, par nombre , par modes , &c. *Panem mihi.* Il y en eut d'autres , où le plus

grand nombre de ces particules reſta
ſéparé : ce qui leur ôta les décli-
naiſons & les conjugaiſons proprement dites ; parcequ'elles ne les eu-
rent que par les particules ſéparées
des mots : *du* pain , *à* moi.

Si dans ces deux eſpèces de conformation des mots , les particules
ſéparées ou incorporées euſſent été
d'un emploi également facile , il n'y
eût pas eu deux ſortes de marches.
Mais les langues ou les particules
reſtèrent ſéparées , s'étant trouvées
embarraſſées quelquefois par la mul-
titude , quelquefois par la ſignifica-
tion équivoque de ces particules ; il
leur a fallu prendre une autre voie.
Avec les particules incorporées on
pouvoit dire en latin , *Qui fragilem
truci commiſit pelago ratem primus ;*
parceque le nominatif régiſſant le
verbe , & les deux ſubſtantifs, ainſi
que leurs adjectifs régis par le ver-

be , portant chacun également le caraĉtère de leurs rapports entr'eux , fe rappeloient l'un à l'autre fans le moindre embarras , ni équivoque. Mais fi dans une langue qui ne feroit qu'*analogue ,* en françois , par exemple , on vouloit dire , *Qui une frêle à la cruelle confia à la mer une barque le premier ,* il feroit impoffible d'en tirer aucun fens. On a donc été obligé dans cette langue , 1.° de placer les deux adjeĉtifs à côté de leurs fubftantifs, *une frêle barque : à la mer cruelle ;* par ce moyen , on a diminué le nombre des articles & des prépofitions. 2.° De peur qu'*une frêle barque ,* qui n'a aucun caraĉtère de régime , ne pût être pris pour le nominatif du verbe , parceque poëtiquement peut-être, on pouroit dire qu'*une frêle barque confia le navigateur à la mer cruelle ,* on a jugé néceffaire de placer ces deux mots

après le verbe : *confia une frêle bar-*
que ; 3.º Enfin on a rapproché le
mot *premier* de *qui ,* & on l'a placé
avant le verbe dont il eſt le nominatif ; parceque , comme nous venons de le dire , placé après le verbe , il auroit pu en être le régime :
qui le premier confia une frêle barque.
Ainſi l'embarras des particules d'un
côté, de l'autre l'équivoque des articles , qui ſont ſouvent les mêmes
pour les mots régiſſans & pour les
mots régis , ont forcé les langues
qui reſſemblent au françois , à ſuivre un arrangement différent de celui des langues qui reſſemblent au
latin. Il falloit être entendu , & on
ne l'eût pas été ſans cela.

Long-temps après que les langues
grecques & latines furent formées
dans toutes leurs parties , & que
marchant librement ſelon leur génie , ſans autre règle que l'uſage ,

elles s'apprenoient de même , fur les bras des nourrices , & dans le fein des familles , par l'exercice feul & l'imitation , il s'éleva un nouveau genre de maîtres , qui appliquant la métaphyfique au langage , propofèrent des méthodes raifonnées , & un art fyftématique pour étudier ou apprendre les langues.

Les mots , qui jufques-là avoient été indépendans les uns des autres , furent rangés par claffes , fous certains chefs , felon une certaine analogie qu'ils avoient entr'eux. *Pater*, *patris* , *patri* , *patrem* , &c , qui avoient fait jufqu'alors huit ou dix mots ifolés dans le vocabulaire latin , n'en firent plus qu'un , partagé en deux nombres , & en huit ou dix cas.

Il en fut de même des verbes : on vit fous un premier mot capital , de longues fuites d'inflexions pour exprimer les temps, les perſonnes, les nombres, les manières de ſignifier.

On obſerva dans les conſtructions des mots entr'eux, de certains rapports de concordance & d'uniformité. On en fit des règles de ſyntaxe. On dreſſa ſur ces règles des modèles qu'on crut plus ſimples, pour ſervir de protocoles dans le diſcours. Bientôt les Grammairiens, qui n'avoient fait leurs règles que ſur la langue faite & établie avant eux, ſe perſuadèrent que leurs règles étoient la Nature même, qui avoit préſidé à la formation des Langues. Leur manière d'enſeigner procédant méthodiquement, ſelon l'art qu'ils avoient inventé, & qui ne conſidéroit qu'un certain matériel des mots, mettant par-tout l'ordre de ſyntaxe à la place de l'ordre original de la langue qu'ils enſeignoient, rendit problématiques les droits de celui-ci. On ofa dire à Athènes & à Rome, que la conftruction naturelle de telle phrafe de Démofthène, ou de Cicéron, n'étoit point celle qu'ils avoient employée : comme fi la conftruction fcholaire devoit aller , fans autre examen , avant celle du talent & du génie.

Dans les temps plus modernes, il fe rencontra des langues, telles que la nôtre , où cet ordre de fyntaxe étoit néceffaire pour le fens. Ce fut un titre de plus pour les Grammairiens du dernier âge. Le préjugé s'accrédita au point qu'ils prétendirent , & avec eux tous leurs élèves, que l'ordre effentiel de tout langage étoit celui de leur fyntaxe , & que fans cet ordre , les mots affemblés ne formeroient aucun fens.

En parlant de la forte ils confondoient *les rapports de fyntaxe ,* avec *l'ordre de fyntaxe.* Deux chofes fi

différentes, que les rapports fe con-
cilient avec tous les arrangemens
poffibles, & qu'ordinairement ils ne
fe rencontrent pas avec l'ordre de
fyntaxe. C'eft pour cela que le latin
n'ufe pas de l'ordre de fyntaxe ; parcequ'il a les rapports de fyntaxe.
C'eft pour cela que le François en
ufe ; parcequ'il n'a pas les rapports.
Il falloit donc fe contenter de dire
que l'un ou l'autre étoit néceffaire
dans le difcours , & que la Grammaire elle-même étoit indifférente
au choix. (M. Beauzée l'a dit) Mais
alors c'étoit donner gain de caufe à
M. l'ab. Batteux , qui n'a jamais dit
autre chofe ; & qui en a conclu
évidemment , que les Latins fuivoient l'ordre d'intérêt, parcequ'ils
le pouvoient , ayant les rapports
grammaticaux ; & que les François
ne le fuivent pas , parceque , faute de rapports grammaticaux , ils

font aftreints à l'ordre de fyntaxe.

On vient de dire que M. Beauzée a dit comme M. l'ab. Batteux, que l'un ou l'autre feulement étoit né-ceffaire, ou les rapports grammati-caux, ou l'ordre de fyntaxe. N'eft-ce pas le dire que de définir les langues analogues, celles qui, *faute de rapports grammaticaux*, fuivent l'or-dre analytique ou de fyntaxe; & les langues tranfpofitives, celles qui *ayant les rapports grammaticaux*, fe difpenfent de l'ordre de fyntaxe. (1) Si M. Beauzée eût voulu fuivre ces deux définitions dans leurs confé-quences, la queftion étoit termi-née. Mais il s'étoit fortement per-fuadé que l'ordre analytique étoit l'ordre néceffaire de la nature, l'or-dre effentiel dans tous les efprits; en quoi il n'eft peut-être pas encore

______

(1) Voyez Tom. 2. *pag.* 468.

facile

facile de le concilier avec lui-même.

« La parole , dit-il (*pag.* 471)
» doit peindre la penſée ; or il eſt
» de l'eſſence de toute image de re-
» préſenter fidèlement ſon origi-
» nal ». Voilà un principe , d'où il
ſemble ſuivre que l'ordre de la penſée doit être le modèle de l'ordre des
mots dans le diſcours. Mais en voici
un autre : « (*ibid.*) Que toute penſée
eſt ſimple & indiviſible » : & celui-ci
ſemble renverſer le premier ; car ſi
la penſée eſt ſimple & indiviſible ,
quelle eſpèce d'ordre peut-elle avoir
en ſoi ? M. Beauzée veut dire, ſans
doute , que toutes les idées que comprend une penſée ſont vues avec leurs
rapports par un acte ſimple & indiviſible de l'eſprit : il a raiſon. Mais
ſi cela eſt , *la parole ne peut être l'i-
mage fidèle* de l'ordre que les idées
ont dans la penſée. L'ordre des idées
dans la penſée eſt un ordre de choſes

qui exiftent enfemble , qui fe regar-
dent , comme les traits dans un tableau : celui des mots dans une phrafe
eft un ordre de fucceffion , de chofes
qui arrivent une à une. Ce font donc
deux genres d'ordre tout différens ;
l'un ne peut donc fervir de modèle
à l'autre. .

L'analyfe , dira-t-on , décompofe
l'ordre de la penfée , & y voit des
parties qu'elle arrange à fa manière.
Mais cette décompofition & cet arrangement font l'ouvrage de l'art ,
le travail de l'efprit , qui revient fur
fa propre production , qui la déna-
ture par l'abftraction , pour la fou-
mettre à une autre forme. Je re-
garde une tête ; j'y vois à la fois des
yeux , un front , une bouche , un nez ,
&c. Un peintre en étudie les traits ; il
confidère d'abord le front , puis les
yeux , puis la bouche , &c. , qu'il
compare avec les idées qu'il a du

beau ; l'analyfe du peintre n'eft pas
le coup d'œil de la nature.

Il ne faut donc point dire que
l'ordre naturel de la penfée eft le
modèle de l'ordre naturel des mots ;
puifque ce n'eft pas la même efpèce
d'ordre. Il faut dire encore moins
que c'eft celui de la penfée analy-
fée ; puifque celui - ci eft factice &
artificiel. Ce n'eft donc pas l'ordre
des idées qui règle l'ordre des mots.

Il ne feroit peut-être pas difficile de
montrer que les mots eux-mêmes ,
avant que d'être prononcés par celui
qui parle , ou après qu'ils ont été
entendus par celui qui écoute, c'eft-
à-dire , lorfqu'ils font tous encore
dans l'efprit de l'un , ou qu'ils font
tous entrés dans la mémoire de l'autre , n'y ont d'autre ordre entr'eux
que celui de *connexion* , comme les
idées dans la penfée. Les mots font
alors des idées. Quand celui qui

écoute a entendu ces trois mots, *le fils aime le père*, ou, *patrem amat filius*, il les voit tous trois par un acte simple & indivisible, présens les uns aux autres. Que tel ou tel des trois soit arrivé le premier ou le dernier, le sens n'en a été ni plutôt, ni mieux ; ni plus aisément compris ; puisque pour le comprendre, l'esprit a eu besoin que le dernier des trois fût arrivé (1). Ils ne forment donc le sens que quand ils sont tous trois présens. L'ordre de succession dans celui qui écoute, n'est donc que quand les mots arrivent. C'est la même marche dans celui qui parle, à une seule différence près, qui est que celui qui parle, commence par où finit celui qui entend. Ainsi il y a apparence que l'ordre des mots dans

____

(1) Ce raisonnement avoit été touché dans *les Principes de la Littérature*, *Tom.* V. *p.* 234.

l'efprit n'eft pas même le modèle de l'ordre des mots dans la prononciation. Mais nous n'avons pas befoin d'aller jufques-là. Il nous fuffit d'avoir montré que ni l'ordre naturel des idées dans la penfée, ni l'ordre *analytique* que la métaphyfique peut mettre dans ces idées, ne font, ni ne peuvent être, le modèle de l'ordre naturel des mots dans le difcours; & que par conféquent l'ordre de fyntaxe, qui eft le même que l'ordre *analytique*, n'eft point l'ordre naturel du difcours.

Il ne falloit donc pas dire, « Anéan- » tiffez l'ordre analytique, les règles » de la fyntaxe font par-tout fans » raifon. Les mots fans relation en- » tr'eux ne formeront plus de fens. » Il falloit dire, *Anéantiffez l'ordre analytique & les rapports qui le repréfentent ; alors plus de fyntaxe.* Mais dès qu'on conferve l'un ou l'autre,

la syntaxe est conservée toute entière , & se trouve également dans
les deux espèces de langues ; ou pour
prêter son ordre grammatical à celles qui en ont besoin ; ou pour le
représenter dans celles qui en suivent un autre que le sien. Mais le représenter , sur-tout quand on en suit
un autre tout contraire , ce n'est pas
le suivre. M. Beauzée fait la différence qu'il y a entre *construction* &
syntaxe.

I I I.

Si on ne peut trouver la raison
de l'ordre successif des mots dans la
manière dont l'esprit forme ses ta-
bleaux , il s'ensuit , ou qu'il n'y a point
de règles sur cet objet , ou que ces
règles , s'il y en a , ne peuvent être
tirées que de la subordination des
idées , par rapport à leur dégré d'importance , relativement à celui qui
parle ; ou peut-être de la délicatesse

de l'oreille , qui demanderoit pour l'agrément, tel arrangement des fons plutôt que tel autre.

M. l'ab. B. avoit penfé que l'importance des objets, qu'il nomme du nom plus générique d'*intérêt* , étoit la bafe & la règle fondamentale des *Conftructions oratoires* , quand la conformation de la langue le permet ; & que l'oreille , qui n'a fur le difcours que des droits très fubordonnés , puifqu'elle n'eft qu'un paffage , *veftibulum* , ne devoit avoir pour elle que quelques exceptions de la règle générale.

Par le mot *intérêt* , M. l'ab. B. entend tout motif qui détermine à parler celui qui parle. On conviendra fans doute que quand on parle , on fe propofe toujours quelque objet ; or c'eft cet objet qui fait l'intérêt de la phrafe. Quand on dit , *le foleil eft rond ;* il eft évident qu'on

veut faire entendre, non que *le foleil exifte*, mais qu'il exifte fous une
forme ronde. Ainfi l'intérêt de cette
phrafe eft *la rondeur* du foleil. Et de-
là on conclud, felon le principe de
l'intérêt, que fi, *fol eft rotundus*,
eft bien dit, il eft poffible que, *rotundus eft fol*, foit mieux dit encore ; parceque l'intérêt exige que
l'idée importante de la phrafe foit
préfentée d'abord à la première
attention de celui qui écoute.

Or cet intérêt dans le difcours porte tantôt fur la perfonne qui agit,
tantôt fur l'action même, tantôt fur
l'objet de l'action, quelquefois fur
la manière de l'action ; & alors c'eft
ou le nominatif, *Ille ego qui quon-
dam*, &c ; ou le verbe, *Ferte citi
flammas, date tela, fcandite muros ;*
ou le régime du verbe, *Bella horrida
bella & Tybrim multo fpumantem fan-
guine cerno ;* ou l'adverbe, *Tandem*

aliquando , Quirites , Catilinam , &c ;
qui porte l'intérêt de la phrafe, & qui
par cette raifon doit marcher à la
tête. *Voyez les Princ. de la Litt.*

L'application va plus loin. Sil y
a deux fubftantifs, dont l'un foit
régi par l'autre, c'eft le régi qui paffe
le premier , parcequ'il contient l'i-
dée principale : *Patriæ fines , Cice-
ronis litteræ , Virgilii opera.* Si à un
fubftantif on ajoute un adjectif , celui-ci paroît d'abord , *Diuturni filentii, Hodiernus dies ;* par la raifon que
l'idée ajoutée par l'adjectif eft ordinairement celle qu'il importe à celui
qui parle, de bien placer dans l'efprit
de celui qui écoute. Par ce moyen,
la place de prefque tous les mots
de toute phrafe fe trouve réglée par
l'*intérêt ;* fauf, comme on l'a dit ,
quelque exception pour l'harmonie,

(1) *Tom.* 5. *pag.* 20. *Ed. de* 1764.

dans la profe , & quelques licences pour l’art-métrique , dans les vers.

M. Beauzée rapporte deux exemples , cités entr’autres par M. l’ab. Batteux , & que fans doute il croit peu concluans : l’un eſt de Scévola , qui dit à Porſenna , *Romanus ſum civis ;* l’autre de Gavius mis en croix par Verrès , & qui crie aux Romains , *Civis Romanus ſum.* M. Beauzée prétend (*pag.* 530.) que c’eſt *le haſard , ou le caprice ,* qui ont décidé de çes deux arrangemens , ou que Scévola & Gavius *ont conſulté des principes différens d’harmonie.* Cependant ceux qui ont un certain taɕ , croient fentir que Scévola , parlant à un roi ennemi de Rome , qui ne connoiſſoit que la qualité de *Romain ,* pour ſe venger d’eux , devoit préſenter d’abord cette qualité, *Romanus ſum civis :* c’étoit l’idée frappante de la circonſtance ; & que Gavius par la même raiſon, parlant à des *citoyens* qu'il vouloit toucher, devoit préſenter d'abord cette qualité, *Civis Romanus ſum.* Ce fut donc le cœur, l'intérêt & non le haſard, ni le caprice, ni même l'harmonie, qui décida de l'arrangement différent de ces trois mots, dans deux circonſtances différentes.

Eh! comment le cœur, ce reſſort ſi puiſſant, ſi univerſel, qui comprend l'homme tout entier, pourroit-il ne pas influer ſur le langage, qui n'a été fait originairement que pour lui, pour demander le ſecours dans le beſoin preſſant? Si on dit tous les jours que le langage du cœur eſt le langage de la nature; l'ordre du cœur dans le langage eſt donc auſſi l'ordre de la nature. On peut appliquer là en particulier le mot de Quintilien, *Pectus eſt quod diſertos facit, & vis mentis.* Cette force qui anime l'ame même, donne le mouvement & la direction à fes idées , & la place qui convient à chacune d'elles. Mais écoutons M. Beauzée.

« Je demande , dit-il , (*pag* 196 » & 97) fi les décifions de l'intérêt » font affez conftantes , affez unifor- » mes , pour fervir de fondement à » une difpofition technique . » .

On croit qu'il en eft peu de plus *conftantes* , c'eft-à-dire , qui agiffent plus conftamment fur le cœur humain ; cela n'a pas befoin d'être prouvé. Elles ne font pas *uniformes*, cela eft vrai. Auffi leurs objets ne le font-ils point : c'eft tantôt la perfonne , tantôt la chofe , tantôt la manière, &c. On l'a dit. Elles ne peuvent fervir de fondement à une difpofition *technique*. Soit encore ; auffi s'agit-il ici d'une difpofition *naturelle* : on laiffe la difpofition *technique* à l'ordre analytique.

« Le principe de l'intérêt n'eſt
» pas aſſez évident, ni aſſez fûr, pour
» devenir fondamental dans l'élocu-
» tion , *même* dans l'élocution ora-
» toire. (*pag.* 497.) ».

Il ſuffit qu'il ſoit aſſez fort , *vis
mentis.* En fait d'idées , on peut demander l'évidence. Mais quand il
s'agit de ſentir ; c'eſt la force. Fût-
elle ſourde & obſcure , dès qu'elle
eſt à certain dégré , elle perce tous
les obſtacles , & parvient à ſon but.
Tout homme né avec le génie & le
talent, ſent les règles de ſon expreſſion, & les ſuit , ſouvent ſans les con-
noître : *vis mentis.*

« M. l'ab. B. convient lui-même
» que l'application du principe de
» l'intérêt a pour le métaphyſicien
«même des variations embarraſſan-
» tes ». (*pag.* 500.)

M. l'ab. B. eſt prêt de renouvel-
ler cet aveu. Qui ne ſait point que

le fentiment va mieux, plus vîte, & plus loin que la métaphyfique la plus fubtile ? Celle - ci eft arrêtée à tout moment, où le fentiment paffe fans efforts, emportant avec lui la langue dont il fe fert, dans fes détours, comme dans fes marches directes. Ses variations font embarraffantes quelquefois ; mais ces variations & l'embarras qu'elles caufent, ne prouvent point qu'il n'y eft pas.

Cette réponfe s'applique d'elle-même à la réflexion que fait M. Beauzée, (*pag.* 497.) d'après un favant, qui fut auffi un fage, & dont la mémoire fera toujours précieufe à M. l'ab. Batteux, qu'il a bien voulu honorer de fon amitié, & guider de fes confeils dans l'étude des lettres. Quand M. de Pouilly dit que l'intérêt fe cache, & prend des voies détournées, ce n'eft qu'après avoir dit, *Que nous aimons à préfenter d'a-*

bord *les idées qui nous intéressent davan-*
tage. Voila la nature ; M. de Pouilly
ne pouvoit en méconnoître les droits.
Mais l'art de plaire prescrit un autre
arrangement que celui de l'amour pro-
pre. M. de Pouilly a raison encore ;
& son exception même confirme la
règle. Quand l'art veut donner le
change , comme c'est toujours par
le principe de l'intérêt , il montre
d'abord les idées dont il a besoin
pour cacher celles qu'il ne veut pas
montrer au grand jour. Ainsi c'est
toujours l'intérêt qui place les idées
dont l'art a besoin , & l'amour propre est sous la ruse qui le cache.

« M. l'Abbé Batteux convient que
» le nombre & l'harmonie dérange
» la construction que doit opérer son
principe. (*pag.* 502.)

Oui sans doute , il en convient.
Mais ce dérangement ne va point à
déplacer dix mots dans une période ,

où il n'y a que dix mots. Il se réduit à mettre quelquefois après le verbe une partie de son régime qui devoit être devant, comme quand Ciceron a dit, *In duas divisam esse partes ;* (1) ou une partie du nominatif, comme *Effrenata jactabit audacia.* Encore, la place de ces mots semble-t-elle gardée par l'autre partie d'eux-mêmes : *in duas* marque la place de *partes ;* & *effrenata,* celle d'*audacia.* Ce dérangement, alors, loin de tracasser l'esprit, l'exerce par la variété, & le dédommage par l'harmonie. Ajoutez que ces déplacemens ne se font guères que vers la fin de la phrase, c'est-à-dire, où se trouvent les objets les moins importans. *Voyez le V. Tome des* Principes de la Littérature. *pag.* 41. *Edit. de* 1764.

M. Bauzée rapporte (*p.* 498.) un précepte ou plutôt un avis de Quin-

---

(1) *Voyez ci-après, pag.* 61.

tilien

tilien ſur l'arrangement des mots.
« Souvent , dit-il, tel mot eſt plein
» de force à la fin d'une période,
» qui n'en auroit pas la moitié tant,
» s'il étoit au milieu, parcequ'il ſeroit
» couvert, & comme obſcurci par
» les autres mots, entre leſquels il ſe
» trouveroit ; au lieu qu'étant à la
» fin, il ſe fait plus remarquer, &
» s'imprime bien mieux dans l'eſprit
» de l'auditeur. Je n'en veux d'autre
» preuve que ces paroles de Cicéron :
» *Ut tibi neceſſe eſſet in conſpectu Po-*
» *puli Romani vomere poſtridiè.* Tranſ-
» poſez ce mot *poſtridiè ,* il ne ſera
» plus de même force » . (1)

    Il conclud : « Voilà donc un or-

---

(1) Sæpè tamen eſt vehemens aliquis ſen-
ſus in verbo, quod ſi in mediâ parte ſententiæ
latet, tranſire intentione & obſcurari circum-
jacentibus ſolet ; in clauſulâ poſitum aſſigna-
tur auditori & infigitur : quale eſt illud Ci-
ceronis : *Ut tibi neceſſe eſſet in conſpectu Po-*
puli Romani vomere poſtridiè. Transfer hoc
ultimum, minus valebit.

D

» dre d'élocution forti du même prin-
» cipe d'*intérêt*, avec autant & plus
» de vraifemblance que celui de M.
«l'abbé B. En effet, fi vous voulez
» gagner votre auditeur, fongez
» moins à lui montrer vivement ce
» qui vous intéreffe, qu'à le déter-
» miner par fon propre intérêt. Ver-
» fez le plaifir dans fon ame par les
» fens ; que le foin que vous pren-
» drez de plaire, devienne comme
» un voile qui cache votre amour
» propre : vous n'y perdrez rien ; &
» ce facrifice momentanée fera re-
» compenfé par le fuccès le plus
» heureux ».

On ne voit pas trop comment
cette conclufion, dans laquelle M.
Beauzée femble fe complaire, peut
s'appliquer à l'exemple de Cicéron ;
ni quel *amour propre* ou *intérêt* fe-
cret cet orateur pouvoit cacher, en
mettant *poftridiè* à la fin de fa pé-

riode, après le vomiſſement d'Antoine.

En général les autorités qu'emploie M. Beauzée , ſont aſſez peu
concluantes : on le verra encore
mieux ci-après. Qui peut nier qu'un
mot placé à la fin de la phraſe, ne
puiſſe y avoir de l'effet ; qu'il ne
puiſſe même y en avoir plus , que
s'il étoit dans le corps de la phraſe.
Poſtridiè , eſt dans ce cas-là. En ſa
qualité d'adverbe , il pouvoit être
avant ou après *vomere* ; mais avant,
il étoit ſans grâce & ſans force, &
après, il a l'un & l'autre. S'enſuit-il
qu'il eſt plus important que *vomere* ?
Non : puiſqu'il ne ſeroit rien ſans *vomere*. C'eſt donc *vomere* qui lui donne l'importance qu'il a. Mais en a-t-il
plus que *vomere* , & que les autres
mots qui le précèdent ? C'eſt le
point de la queſtion. Voici la période
en entier : *Tu , iſtis faucibus , iſtis*

D 2

lateribus , iftâ gladiatoriâ corporis fir-
mitate : ces idées entaffées par gradation , relevées par les pronoms
emphatiques, *iftis , iftis , ifta* répé-
tés trois fois à la tête , donnent à
eftimer l'excès énorme d'Antoine par
fa force & fa taille. *Tantùm vini ,*
voilà la quantité de vin qu'on laiffe
encore à eftimer ; *in Hippiæ nuptiis ,*
circonftance infamante ; *exhauferas ,*
expreffion qui peint un gouffre ; *ut
tibi neceffe effet ,* que vous fûtes forcé,
malgré vos efforts pour vous rete-
nir ; *in confpeĉtu Populi Romani ,* à
la face du Peuple Romain , dont les
yeux étoient fixés fur vous ; *vomere ,
poftridiè ,* de vomir le lendemain :
voilà le tableau complet. La circonftance du lendemain y feroit-elle plus
importante que le fait, *vomere ?* Le
feroit-elle plus que celle de la pré-
fence du Peuple Romain témoin du
fait ? Le feroit-elle plus que l'énor-

mité de l'excès peint de si fortes cou-
leurs? *Postridiè*, n'a donc pas été mis
à la fin, parcequ'il étoit le mot le
plus intéressant de la phrase. Il y a
été mis, 1.° parceque c'étoit sa place
naturelle, à côté du verbe ; 2.° Parcequ'il fait une finale très éclatante,
beaucoup plus que n'eût été *vomere* ;
3.° enfin, parceque ce mot inatten-
du, ajouté au tableau, semble y mettre le vernis, quoique le tableau soit
achevé sans lui : *Nihil ultrà expectan-
tibus.*

M. Beauzée cite le *morituro* d'Horace dans ces vers :

Nec quicquam tibi prodest
Aërias tentasse domos , animoque rotundum
Percurrisse polum , morituro.

On pouroit le regarder ici comme
une de ces hyperbates poétiques,
dont l'exemple ne tire point à consé-
quence pour les orateurs. C'en est
une en effet , & la place naturelle

de ce mot eſt marquée par ſon ſubſ-
tantif *tibi*. Mais Horace a dû le placer où il eſt , parcequ'il contient
ſeul une phraſe entière , qui rend la
raiſon du ſentiment philoſophique
qu'il vient d'exprimer : « Il ne vous
» a ſervi de rien , grand philoſophe ,
» d'avoir parcouru les demeures cé-
» leſtes par votre penſée ; *puiſqu'hé-*
» *las ! vous deviez mourir* ». Or il ne
s'agit point ici de l'arrangement des
phraſes entr'elles dans un raiſonnement ; mais de celui des mots entr'eux dans une même phraſe.

Pour renverſer l'opinion qu'il com-
bat, M. Beauzée auroit dû employer,
non quelques phraſes compliquées ,
raſſemblées avec peine , mais un
grand nombre de phraſes ſimples &
communes , où le mot intéreſſant
pût ſe diſtinguer aiſément & ſans
équivoque. Comme l'objet de la
queſtion eſt aſſez ſubtil par lui-même,

il faut des exemples ſimples, & ſur-
tout qui ne ſoient point tirés des
poëtes: *civis Romanus ſum: Romanus
ſum civis :* où eſt le mot intéreſſant?

I V.

M. Beauzée cite S. Iſidore de Séville, Servius, Donat, Priſcien, &
ſur-tout Cicéron, Quintilien, Denys
d'Halicarnaſſe, qu'il prétend avoir
décidé clairement la queſtion. (*pag.*
474. *& ſuiv.*)

Comment l'auroient-ils décidée,
s'ils ne l'ont pas même connue, s'ils
n'ont pas été dans le cas de la connoî-
tre? Ils ne connoiſſoient aucune langue qui eût une autre marche que la
leur. Pouvoient-ils imaginer qu'il y
en eût où les mots ne duſſent leur qualité de régiſſans ou de régis qu'à leur
place, tandis que par-tout les leurs
alloient où l'idée les appeloit, ſans
paroître nulle part déplacés?

« S. Iſidore de Séville rapporte ces
» vers de Virgile :

> *Juvenes fortiſſima fruſtrà*
> *Pectora , ſi vobis audentem extrema cupido eſt*
> *Certa ſequi. Quæ ſit rebus fortuna videtis.*
> *Exceſſere omnes , adŷtis ariſque relictis ,*
> *Di , quibus imperium hoc ſteterat , ſuccurritis urbi*
> *Incenſæ : moriamur, & in media arma ruamus.*

« Puis il ajoute : *Confuſa ſunt ver-*
» *ba , ordo talis eſt ;* (comme s'il di-
» ſoit, il y a inverſion dans ces vers;
» mais voici ſa conſtruction naturel-
» le.) *Juvenes fortiſſima pectora fruſtra*
» *ſuccurritis urbi incenſæ , quia exceſſere*
» *dii quibus imperium hoc ſteterat ; un-*
» *dè ſi vobis cupido certa eſt ſequi me*
» *audentem extrema , ruamus in media*
» *arma , & moriamur.* Servius àvoit
» parlé de même que ſaint Iſidore.

On répond 1.° que ces deux cé-
lèbres Grammairiens ont fait une
mauvaiſe conſtruction de cet endroit
de Virgile ; M. Bauzée le prouve lui-
méme fort au long , *pag.* 484. 485.

où il fait voir qu'ils ont eu tort de dire , *confuſa ſunt verba.*

2.° Ils ont eu tort de dire *ordo talis eſt ;* parceque la conſtruction qu'ils ont faite n'eſt point néceſſaire , même pour repréſenter l'ordre analytique. Ils déplacent arbitrairement les phraſes incidentes , qu'ils pouvoient laiſſer où Virgile les a placées. Qu'on en juge par cette ébauche de traduction. « Braves enfans, valeur » hélas inutile ! ſi vous êtes réſolus de » me ſuivre dans mon extrême déſeſ- » poir ! L'état ou nous ſommes, vous » le voyez. Tous les Dieux qui ſoute- » noient cet empire nous ont aban- » donnés ; ils ont abandonné leurs » temples, leurs autels ; vous défen- » dez une ville réduite en cendres : » mourons : jettons-nous au milieu » des armes ennemies ». Dans cette traduction, qui eſt au moins intelligible, il n'y a pas une ſeule phraſe déplacée. Ifidore & Servius auroient donc pu fe difpenfer de culbuter tout ce morceau dans leur prétendue conftruction.

3.° Qu'ils aient dit *ordo eft*, même fans avoir égard à la prétendue confufion, qu'eft-ce que cela prouve ? Que du temps de Servius, de S. Ifidore, de Donat, de Prifcien, on connoiffoit un ordre grammatical, un ordre de fyntaxe, felon lequel on décompofoit les phrafes, lorfque le fens en paroiffoit embarraffé : c'étoit une façon d'épeler quand on ne lifoit pas aifément. Mais qui a jamais pu dire que l'ordre de décompofition fût l'ordre naturel d'un compofé ? Il y a bien une méthode, mais y a-t-il un ordre de décompofition ? Les Grammairiens n'étoient pas faits pour décider la queftion dont il s'agit : *Aliud eft latinè loqui, aliud grammaticè.* Venons à des autorités plus

graves: « Ecoutons Quintilien, (479)
« Nous regardons avec raison, dit
» ce sage Rhéteur, (1) comme l'un de
» principaux agrémens du langage,
» l'*hyperbate* ou la transposition des
» mots, (il y a *verbi*, d'un mot) que la
» beauté & la netteté de la construc-
» tion rend si souvent nécessaire (2). Il

____

(1) Hyperbaton quoque , id est , verbi
transgressionem , quam frequenter ratio compositionis & decor poscit , non immeritò inter virtutes habemus. Fit enim frequentissimè
aspera , dura , & dissoluta , & hians oratio ,
si ad necessitatem ordinis sui verba redigan-
tur , & ut quodque oritur ita proximis allige-
tur. Differenda igitur quædam ac præsumen-
da , ut in structuris lapidum impolitiorum ,
loco quo convenit quicque ponendum. Nec
aliud potest sermonem facere numerosum ,
quàm opportuna ordinis mutatio. *Inst.* 8. 6.

(2) *Ratio & decor compositionis*, ne sont
point rendus par *la netteté & la beauté de la
construction*. On croiroit qu'il s'agit du sens. Il
ne s'agit que du son & de la cadence nombreu-
se, qui rend même la construction moins net-
te ; il falloit dire, qui est souvent nécessaire
pour l'agrément & la cadence de la période.

» arrive fouvent que fi on s'aftreint à
» placer les mots dans l'ordre qu'ils
» exigent, & à les lier enfemble com-
» me chacun d'eux fe préfente ; que
» la phrafe eft dure, raboteufe, fans
» liaifon,fans confiftance. Il faut donc
» déplacer les mots, (il y a *quædam* ;)
» & les mettre avant ou après, com-
» me quand on fait un mur de pierres
» brutes (1)... Nous n'avons d'autre
» moyen de rendre le difcours nom-
» breux que de changer convenable-
» ment l'ordre des mots ».

Il eft évident, je crois, qu'il ne s'a-
git dans ce texte que du déplacement d'un mot, & non du fyftême
des conftructions. Quintilien le dit
formellement, *tranfgreffio verbi* ; &
s'il ne le difoit pas, l'exemple de Ci

---

(1) Il falloit dire comme lorfqu'en faifant
un mur , il fe rencontre des pierres trop irré-
gulières qui ne vont point avec les autres ,
enormes.

céron qu'il rapporte, le diroit pour lui: *UT*, dit-il, *Animadverti, Judices, omnem accuſatoris orationem in duas diviſam eſſe partes.* Voilà le déplacement dont il s'agit: *partes* auroit dû être à côté de *duas.* Cicéron, pour l'agrément de la chûte, *clauſulæ*, l'a placé après le verbe, l'a fait ſauter par-deſſus lui, *tranſgreſſio verbi.* En quoi il a fait ce que les Grecs appellent *hyperbate*, figure de mot dont il ne s'agit nullement dans la queſtion préſente, qui pourtant ſe trouve décidée par occaſion dans ce même endroit. Immédiatement après ce qu'on vient de voir, Quintilien dit formellement que ſi *partes* avoit été à côté de *duas*, avant le verbe, la conſtruction eût été dans l'ordre naturel: *Nam IN DUAS PARTES DIVISAM ESSE, rectum erat.* Or, quel eſt le ſens de *rectum erat*, s'il ne ſignifie point *l'ordre naturel*,

l'ordre direct, en un mot, le contraire de l'ordre renverſé ? Cependant
M. Beauzée dit encore (*pag.* 544)
ɔ que le tour que Quintilien appelle
ɔ ici *rectum*, eſt un renverſement de
ɔ l'ordre naturel , ou analytique ɔ.
M. Beauzée appelle donc *inverſum* ou
inverſus ordo, ce que Quintilien appelle *rectum* ou *rectus ordo*. M. Bauzée ne
devoit donc point citer Quintilien.

Il inſiſte fortement ſur un autre paſſage (1) : *Illa nimia quorum-
dam fuit obſervatio , VOCABULA UT
VERBIS , verba rursùs adverbiis , nomi-
na appoſitis & pronominibus rursùs
ESSENT PRIORA : nam fit contrà quoque frequenter , non indecorè.* Mais
qu'en réſulte t-il ? Que Quintilien
n'approuve point l'opinion de ceux
qu'il cite. Il l'approuve, puiſqu'il n'en
blâme que l'excès, *nimia.* Cette con-

______

(1) *Liv. IX. C.* 4.

féquence pourroit être fujette à dif-
cuffion ; mais fans y entrer , M. Beauzée fait-il affez d'attention au fens du
mot *vocabula.* Ce mot ne dit point
qu'il faut mettre le nominatif avant
le verbe (le régime après), mais qu'il
faut y mettre tous les noms fans dif-
tinction, les régimes comme les autres, *vocabula verbis priora* ; or cela
ne s'accorde pas avec le fyftême de
M. Beauzée.

Pour répondre une bonne fois à
toutes ces menues objections qu'on
tire par force, ou fubtilement, de
quelques paffages ifolés, dont le fens
peut ne pas être toujours bien clair
pour nous, faifons en peu de mots
l'analyfe de tout cet endroit du Rhé-
theur latin ; il n'eft pas long.

« Parlons, dit-il, d'abord de l'or-
» dre. Il faut prendre garde que les
» idées, (*dans les progreffions*) n'ail-
» lent point en décroiffant, comme

» ſi on diſoit, *c'eſt un aſſaſſin, un in-*
» *ſolent...* il en eſt de même des pen-
» ſées... Il y a un autre ordre qu'on
» peut appeler phyſique, (*naturalis*):
» on nomme volontiers les *hommes*
» avant les *femmes*, le *jour* avant la
» *nuit*, le *lever du ſoleil* avant ſon *cou-*
» *cher*. Il y a des cas où un mot mis
» après un autre, ne ſignifie plus rien :
» *jumeaux freres : freres* eſt inutile. Il
» y a certains (*Grammairiens*) qui
» ont cru qu'il falloit mettre *les noms*
» avant les verbes, & les noms pro-
» pres avant leurs adjectifs..... mais
» c'eſt pouſſer les règles *trop loin* ; car
» ſouvent le contraire ſe fait, non
» ſans beaucoup de grâces. C'eſt en-
» core une autre eſpèce de ſuperſti-
» tion, (*ſuperſtitionis ejuſdem*) de
» s'aſtreindre à l'ordre des temps ;
» car ſouvent ce qui a été fait après,
» aura bien plus d'effet que ce qui a
» été fait auparavant ».

La

La meilleure manière, (*optimum*) eſt de mettre le verbe à la fin de la phraſe, ſi l'oreille le permet ; (voilà le *vocabula ut verbis eſſent priora*) parceque ce ſont les verbes qui nouent, pour ainſi dire, la phraſe & les idées : *in verbis enim vis ſermonis ineſt.* Mais ſi le verbe eſt trop dur, (*at ſi id aſperum erit*) il faut qu'il cède ſa place à un autre mot, & alors ce ſera l'hy-perbate. Comme les mots n'ont point été taillés ſur les pieds, (*métriques convenables aux finales*) on eſt obligé de faire dans le diſcours, de même que quand on bâtit un mur, & qu'il ſe rencontre une pierre irrégulière ; on la place où elle peut joindre. Ce-pendant la phraſe n'eſt jamais plus naturelle (*feliciſſimus tamen ſermo eſt*), que quand on ſuit l'ordre di-rect (*cui & rectus ordo*), que les mots ſe lient entr'eux au gré de l'o-reille (*& apta junctura*), & que la

E

cadence finale eſt nombreuſe (*&* *numerus opportunè cadens contingit*). Il ajoute qu'on ne doit pas trop écarter les uns des autres, les mots qu'on ſépare par l'hyperbate, comme dans cette phraſe de Mécène, *Ne exequias quidem unus inter miſerrimos viderem meas.* C'eſt à la ſuite de ce développement que vient, comme une exception qui n'eſt pas tout-à-fait dans le même genre (car il n'eſt point tranſpoſé) le fameux *poſtridiè*, dont nous avons parlé plus haut, *transfer, minus valebit.* Voilà toute la doctrine de Quintilien ſur l'arrangement des mots : *Hæc de ordine.*

Qu'on rapproche de ce texte celui du *Liv.* 8 , on aura deux fois cette doctrine, qui ſe réduit à ceci. 1.º Qu'il faut ſuivre l'ordre naturel, autant que l'oreille le permet : *ſi compoſitio patiatur.* 2.º Que cet ordre naturel veut que le verbe ſoit à la fin, & par conſéquent que tous les noms, *régimes* & autres, ſoient avant le verbe ; *verbo ſenſum cludere multo optimum eſt ;* & il cite pour exemple, *in duas partes diviſam eſſe ; RECTUM ERAT.* 3.° Que ſi le verbe mis à la fin eſt trop dur à l'oreille, il faut ſacrifier un peu de l'ordre naturel, & dire , *in duas diviſam eſſe partes.* 4.° Que ce dernier arrangement n'eſt un dérangement de l'ordre naturel, *mutatio ordinis ,* que parcequ'une partie du régime eſt après le verbe. 5.°Enfin, qu'il ne faut faire cette eſpèce de dérangement, qu'avec diſcrétion & moderation.

On voit clairement par ce court expoſé , que Quintilien n'a ſongé nulle part à l'ordre analytique , ni à l'ordre de ſyntaxe , pour en faire la règle du langage latin ; & que les Romains ne ſuivoient que le mouvement naturel de leurs idées, pouſſées par l'intérêt qui les faifoit parler, avec quelques corrections légères de l'oreille pour les liaifons , & pour l'agrément des finales. C'eft à quoi fe réduifoit tout leur art ; ils n'en connoiffoient point d'autre , ils n'en foupçonnoient point.

« Cicéron , dans fes *PARTITIONS* » *ORATOIRES* , explique à fon fils » comment il faut s'y prendre pour » exprimer la même penfée en plu- » fieurs manières différentes : *In con-* » *junctis autem verbis triplex adhiberi* » *poteft commutatio , ut cùm femel di-* » *rectè dictum fit , ficut natura ipfa tule-* » *rit , invertatur ordo , & idem quafi fur-* » *fum verfùs retròque dicatur , deinde* » *idem intercifè & permiftè.* Rien de » plus clair que ce paffage , dit M. » Beauzée » .

On le croit : cependant M. Beauzée n'eût pas mal fait de le traduire, de même que les autres qu'il cite ;

me fût-ce que pour la commodité de ceux qui ne le trouvent pas tout-à-fait auſſi clair que lui. Toujours eſt-il vrai que des exemples n'euſſent point nui à ſa clarté.

Quoi qu'il en ſoit , il eſt clair au moins, que *directè* a dans ce paſſage, le même ſens que , *ut natura ipſa tulerit* , puiſque l'un n'eſt que l'explication de l'autre. Or , *directè* a ſans doute le même ſens que *quod rectum* , dans Quintilien. Il ſignifie donc l'ordre naturel ; on peut donc l'appliquer au même exemple : donc *in duas partes diviſam eſſe* , eſt l'ordre direct de Cicéron, *directè* , l'ordre naturel, *ut natura ipſa tulerit.* Or cet ordre n'eſt point l'ordre grammatical ou analytique ; donc, ſelon Cicéron, l'ordre grammatical n'eſt point l'ordre naturel. Nous procédons en forme.

Cet ordre naturel n'étoit évidemment que l'ordre qui ſe préſentoit

de lui-même à tout Romain , qui s'é-
toit préfenté à Cicéron commençant
fon oraifon pour Marcellus : *Diuturni
filentii finem hodiernus dies attulit.* Il
eût renverfé fix fois , & cela en commençant , l'ordre par où il dit qu'il
faut commencer : *ut cùm femel directè , ut natura ipfa tulerit ?* Cicéron
& Quintilien n'ont donc point re-
connu l'ordre grammatical comme
le feul ordre naturel.

« Feuilletez Cicéron, pas un mot de
» conftruction pathétique. (*p.* 304)».

Feuilletez Cicéron , pas un exemple d'autre conftruction que de la
pathétique , fi ce n'eft que par ha-
fard , la grammaticale fe trouve être
pathétique , ce qui peut lui arriver quelquefois.

Après ce qu'on vient de lire , il
n'y a rien à répondre à Denys d'Ha-
licarnaffe , dont le texte d'ailleurs
a été traduit & difcuté par M. l'abbé

Batteux, Tom. V. *des Princ. de la Litt. pag.* 65.

On ne s'arrêtera point davantage à ce que dit M. Beauzée, en faveur de M. du Marſais, qui ſelon M. Beauzée, n'a parlé que de la conſtruction grammaticale, tandis que M. l'abbé B. ne parle que de la conſtruction oratoire.

Il eſt pourtant vrai que M. du M. a dit formellement, *Qu'il ne peut y avoir d'inverſion que par rapport à la conſtruction ſimple, lorſque l'ordre* analytique *n'eſt pas ſuivi.*

L'inverſion eſt donc, ſelon M. du M. le renverſement de la conſtruction ſimple ou de l'ordre analytique. Or, les Latins renverſent par-tout la conſtruction ſimple ; donc les Latins emploient par-tout l'inverſion. C'eſt cette conſéquence tirée par M. du M. lui-même, qui a été attaquée par M. l'ab. Batteux. M. du Marſais,

paſſe delà au principe de la conſtruction oratoire, & il le croit tellement
chimérique, qu'il lui applique le paſſage de Térence : *Incerta hæc ſi tu poſ-*
tules ratione certâ facere , nihilo plus
agas quàm ſi des operam ut cum ratione
inſanias. Voilà donc l'ordre d'intérêt
attaqué auſſi par M. du Marſais. Et de
fait, ſi on dit que l'ordre grammatical
eſt le ſeul naturel, on exclud l'ordre
oratoire comme non naturel ; ſi au
contraire, on dit que l'ordre oratoire eſt le ſeul naturel dans l'orai-
ſon, l'ordre grammatical y eſt non
naturel, au moins quand il eſt contraire à l'ordre oratoire.

M. l'abbé Batteux a abuſé du mot
d'*inverſion*, qui ne s'applique qu'au
grammatical. Si cela eſt, il falloit le
dire d'abord, & ne dire que cela.
L'état de la queſtion bien nettoyé,
il n'y avoit plus de diſcuſſion. M. l'ab.
Batteux ne tient pas au mot, il a cent

fois expliqué fa penfée fans le mot. M. Beauzée en convient.

Mais il n'eft pas vrai qu'il ait abufé du mot, s'il l'a employé dans le même fens que tout le monde, dans le fens que MM. du Marfais & Beauzée l'ont employé. Quand ils difent que le latin eft plein d'inverfions, & que le françois n'en a point, ou peu, veulent-ils parler de l'*Anaftrophe , de la Tmèfe , de la Synchyfe , de l'Anacoluthe ,* (1) enfin *de l'Hyperbate* proprement dite? Non fans doute : ils veulent dire que les Latins mettoient les mots régis avant les régiffans, & que nous au contraire, nous mettons les ré-giffans avant les régis : « En un mot, » dit M. Beauzée, il y a encore inver-» fion dans *in duas partes divifam effe,* » & le Rhéteur romain nous affure » qu'il n'y a plus d'hyperbate. *p.* 544.

____

(1) V. M. Beauzée , *pag.* 550.

Voilà ce qu'ils appellent *inverſion* chez les Latins, lorſqu'ils comparent les deux langues.

On ſait bien qu'il y a une autre eſpèce d'inverſion ; lorſque, ſans ſ-tir de la même langue, on met après, ce qui, ſelon l'ordre ordinaire de cette langue, devroit être devant, & devant, ce qui devroit être après : *Des courſiers attentifs le crin s'eſt hériſſé,* voilà une inverſion françoiſe. Dans la conſtruction ordinaire, on eût dit *le crin des courſiers attentifs.* De cette eſpèce d'inverſion on a paſſé légèrement à celle des langues comparées, quand on a dit que *les conſtructions latines contraires aux nôtres, étoient des inverſions, & que les nôtres étoient dans l'ordre naturel ;* or, tout le monde l'a dit. M. l'abbé Batteux n'a donc point abuſé du mot.

Cependant il pouroit bien ſe faire qu'il y eût en effet quelque mal-en-

tendu dans cette diſcuſſion. M. Beauzée nous a déja donné lieu de le foup-
çonner. Mais ce qui achevera de le
faire croire, c'eſt que M. Beauzée
convient 1.° « Qu'il y a une élocu-
» cution, dont l'arrangement eſt
» abandonné à l'influence de l'har-
» monie, au feu de l'imagination, à
» l'*intérêt*, fi on veut, des paſſions.
» (*pag.* 468).

Il convient 2.° « Une fois pour
» toutes, que ce qui eſt naturel dans
» la grammaire, eſt accidentel ou
» étranger pour la rhétorique, &
» que ce qui eſt *naturel* dans la rhé-
» torique, eſt accidentel ou étran-
» ger dans la grammaire. (*p.* 531)

Il convient 3.° « Que la conſtruc-
» tion grammaticale fait diſparoître
» toutes les beautés & toute l'éner-
» gie du texte de Virgile. (488) ».

Enfin il convient « Que M. l'abbé
» Batteux a fait ſa déclaration ex-

» preffe, énoncée dans toutes les
» éditions de fon fyftême ; que n'en-
» vifageant que l'*ordre oratoire*, il ne
» doit donner le nom d'inverfion
» qu'au renverfement de cet or-
» dre. (540)

D'un autre côté M. l'abbé Batteux laiffe à la fyntaxe tous fes
droits. « Il ne s'agit point, dit-il (1)
» de difputer du mot ; nous cher-
» chons laquelle des deux conftruc-
» tions eft la plus vive & la plus na-
» turelle, celle des Latins ou la nô-
» tre ; afin de favoir fi, lorfque nous
» écrivons, nous devons tendre à
» nous rapprocher de celle des La-
» tins, ou à nous en éloigner. Le mot
» inverfion, dans le fens que je l'ai
» employé, ne fignifie que *le renver-*
» *verfement de l'ordre naturel à l'élo-*
» *quence.* Toute la queftion fe rédui-

____

(1) *Tom. V. des Princ. de Litt. pag.* 240.

3 ſoit donc à ſavoir ſi les Latins ſui-
3 voient cet ordre : s'ils le ſuivoient,
3 nous le renverſons 3.

Et un peu plus bas : (1) « La dif-
3 férence qu'il y a entre la penſée
3 de M. du M. & la mienne , eſt en
3 ce qu'il prétend que l'ordre gram-
3 matical, qui eſt un ordre de foi-
3 bleſſe & de diſette, (& de con-
3 trainte), eſt le ſeul ordre naturel ;
3 & que l'ordre oratoire, qui eſt
3 un ordre d'abondance, de force,
3 de liberté, eſt une chimère hors
3 de la nature, *une manière d'extrava-*
3 *guer par principes.* Je penſe, au con-
3 traire, que l'ordre oratoire eſt ſi
3 peu une chimère, que les Grecs
3 & les Latins n'en ont point con-
3 nu d'autre , heureuſement pour
3 eux ; & qu'en obſervant leur mar-
3 che, nous pourrions nous faire des

---

(1) *pag.* 244.

» règles très utiles, pour approcher
» d'eux, & les imiter jùſqu'à un
» certain point ».

Si M. Beauzée avoit bien voulu faire attention ſeulement à ce réſultat, il auroit vu le vrai état de la queſtion, qui étoit de ſavoir, *Si dans tout diſcours, l'arrangement des mots ſelon l'intérêt de celui qui parle, & tel qu'il étoit chez les Latins, n'eſt pas* plus naturel, *c'eſt-à-dire, plus ſelon l'impreſſion de la nature, que l'ordre grammatical ou de ſyntaxe, tel qu'il eſt en françois ;* & alors il ſe feroit peut-être épargné la peine d'attaquer dans ſa Grammaire & ailleurs, un homme qui ne ſongeoit point à ſe défendre, & qui s'eſt toujours fait un plaiſir de lui rendre toute la juſtice qu'il mérite.

F I N.